Ciencia del parque de recreo

CIENCIA Y CIUDAD

Thomas F. Sheehan

Rourke Educational Media

www.rourkeeducationalmedia.com

www.rourkeeducationalmedia.com

PHOTO CREDITS: Cover © Getty images; title page © Ivan Philipou; page 4 © Painet, Inc.; pages 6, 12 © Photodisc; page 9 © Timothy Vacula; pages 15, 16, 17, 18, 20, 22, 23 © P.I.R.; page 21 © Image 100 LTD

Consulting editor: Marcia S. Freeman
Editorial/Production Services in Spanish
by Cambridge BrickHouse, Inc.
www.cambridgebh.com

Sheehan, Thomas F.
Ciencia del parque de recreo / Thomas F. Sheehan.
(Ciencia y ciudad)
ISBN 978-1-62717-241-7 (soft cover - Spanish)
ISBN 978-1-62717-437-4 (e-Book - Spanish)
ISBN 978-1-62717-235-6 (soft cover - English)

Printed in China, FOFO I - Production Company
Shenzhen, Guangdong Province

Rourke Educational Media

www.rourkeeducationalmedia.com

customerservice@rourkeeducationalmedia.com • PO Box 643328 Vero Beach, Florida 32964

Contenido

Ciencia del parque de recreo

Los parques de la ciudad tienen un montón de aparatos divertidos. Pero, ¿sabías que el parque de recreo de tu vecindario o del patio de la escuela es también un buen lugar para aprender ciencias? Allí puedes aprender acerca del movimiento y la **energía**, acerca del movimiento y el equilibrio.

Movimiento y energía

Te puedes mover de muchas formas en un patio de recreo. Puedes empujar y tirar y puedes ir hacia arriba y hacia abajo. También puedes deslizarte y planear o balancearte y girar. Todo este movimiento requiere energía.

Cuando trepas, consumes energía.

Jugar a tirar de la soga requiere mucho **esfuerzo**. Cada equipo utiliza energía para tirar de la soga juntos. ¡El equipo que utiliza más energía, generalmente gana!

Equilibrio

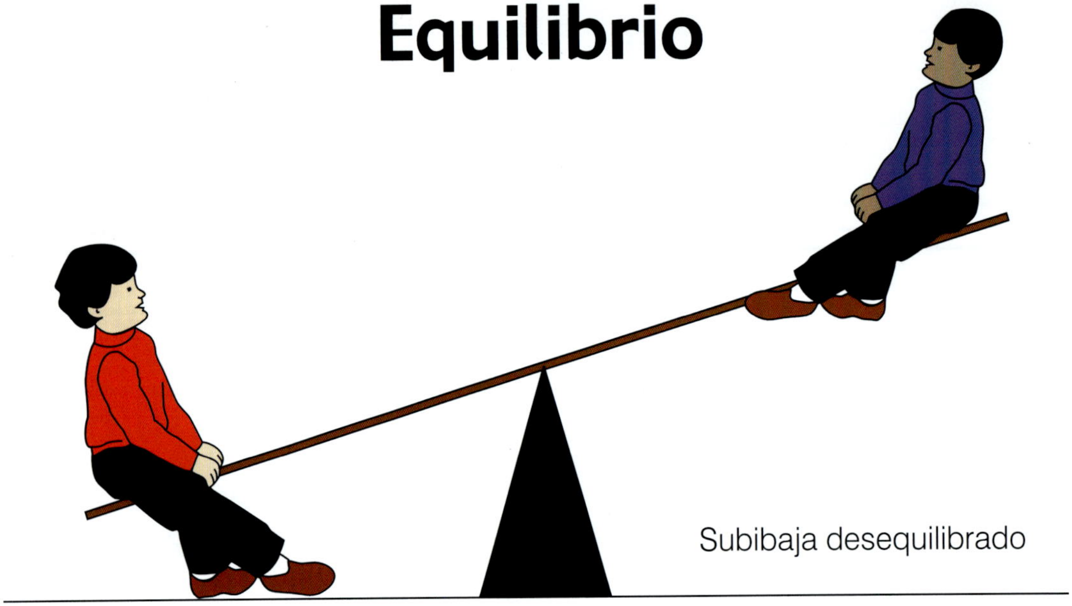

Subibaja desequilibrado

Probablemente sabes lo difícil que es equilibrar un subibaja si una persona es más pesada que la otra. ¡La persona más pesada cae y golpea el suelo! ¡A veces la persona más ligera sale volando del otro lado, a menos que se aferre firmemente!

Subibaja equilibrado

Pero si la persona más pesada se mueve más cerca del centro del subibaja, esa persona puede equilibrar el aparato. El equilibrio depende de tu peso y de la distancia a que estés del centro del subibaja.

Haz la prueba con un amigo.

Fricción

Te puedes deslizar velozmente por un tobogán resbaladizo. Vas rápido porque no hay mucha fricción entre tu ropa y el aparato.

Si quieres ir más despacio, puedes aumentar la fricción. Solo tienes que poner tus zapatos contra los lados del tobogán. La fricción es la fuerza adhesiva que te frena cuando los zapatos o la piel friccionan la superficie del aparato.

La fricción te ayuda a colgarte de las manos. Tu piel está pegajosa comparada con el tubo. ¿Qué pasaría si trataras de colgarte del tubo con unos guantes de lana puestos?

Movimiento elástico

¿Tu patio de recreo tiene aparatos con muelles donde puedes rebotar? Los muelles o resortes son largos trozos de alambre en forma de tubo. Cuando comprimes o doblas un resorte, este rebota y vuelve a su forma original.

Tu peso y tu movimiento almacenan energía en el resorte cuando se comprime. La energía hace que los resortes reboten. ¡Boing! Vas hacia adelante y hacia atrás.

Cuando saltas sobre una cama elástica, los resortes almacenan tu energía. Cuando los resortes extendidos rebotan, la cama te lanza por los aires.

Balanceo

Se necesita energía para disfrutar de los columpios. Tú utilizas energía cuando impulsas el columpio con un tirón de piernas y el cuerpo. El columpio llega más alto y más alto.

Luego, la **gravedad** te atrae hacia abajo. Vas más rápido y más rápido. Luego, subes hacia el lado opuesto.

Tu velocidad aumenta a medida que bajas y disminuye a medida que subes. Cuando vas hacia abajo, ¿no se siente raro cuando aceleras?

Movimiento de rotación

Cuando juegas en un aparato que gira, en el patio de recreos, estás rotando. Rotar significa dar vueltas y vueltas alrededor del mismo lugar. Los trompos y los molinetes giran. Tienen movimiento de rotación. Girar mucho te puede dar mareos.

Las ruedas de los patines lineales giran. De esa manera puedes ir bastante rápido sobre una superficie lisa. Hay poca fricción entre las ruedas y la superficie.

Las coderas y rodilleras evitan que la fricción te arañe la piel. ¿Es el patio de recreos de tu barrio y de tu escuela, un buen lugar para patinar?

Es bueno que uses un casco.

Rampas y escaleras

Las rampas llevan hacia arriba o hacia abajo de un nivel a otro. Las escaleras al igual que las rampas, te suben o te bajan fácilmente y con seguridad. Las escaleras y las rampas son pasarelas **inclinadas**.

Las rampas y las escaleras pueden convertir un gran salto en unos pasos sencillos. ¡Pero a veces es más divertido saltar, aunque tal vez te hagas un chichón!

Glosario

energía — cualquier fuerza o poder que ejerce una acción
esfuerzo — usar energía para hacer algo
gravedad — fuerza que atrae a los objetos hacia el suelo
inclinadas — superficies ladeadas

Índice

Más lectura

Madgwick, Wendy. On the Move. Raintree Steck-Vaughn, 2000
Welsbachre, Ann. Levers. Capstone 2000
Whitehouse, Patty. Friction. Rourke Publishing, 2004

Sobre el autor

Thomas Sheehan vive, respira y enseña ciencias en Maine. Él le agradece su forma de escribir a los departamentos de inglés de la Universidad de Cornell y SUNY, por haber despertado su interés por la buena escritura; a la obra *Elementos de estilo*, de E. B. White, por perfeccionar su estilo, y a los editores de *The Bangor Daily News* por aportarle disciplina.